山西省安全生产条例

中国法制出版社

山西省安全生产条例

SHANXI SHENG ANQUAN SHENGCHAN TIAOLI

经销/新华书店

印刷/河北华商印刷有限公司

开本/850 毫米×1168 毫米　32 开　　印张/1　字数/14 千

版次/2023 年 2 月第 1 版　　2023 年 7 月第 3 次印刷

中国法制出版社出版

书号 ISBN 978-7-5216-3302-3　　定价：5.00 元

北京市西城区西便门西里甲 16 号西便门办公区

邮政编码：100053　　传真：010-63141600

网址：http：//www.zgfzs.com　　编辑部电话：010-63141673

市场营销部电话：010-63141612　　印务部电话：010-63141606

目　　录

山西省人民代表大会常务委员会
公　告

（第一百二十九号）

《山西省安全生产条例》已由山西省第十三届人民代表大会常务委员会第三十八次会议于2022年12月9日修订通过，现将修订后的《山西省安全生产条例》公布，自2023年3月1日起施行。

山西省人民代表大会常务委员会

2022年12月9日

山西省安全生产条例

（2007年12月20日山西省第十届人民代表大会常务委员会第三十四次会议通过　根据2016年1月20日山西省第十二届人民代表大会常务委员会第二十四次会议《关于修改〈山西省安全生产条例〉和〈山西省煤炭管理条例〉的决定》修正　2016年12月8日山西省第十二届人民代表大会常务委员会第三十二次会议第一次修订　2022年12月9日山西省第十三届人民代表大会常务委员会第三十八次会议第二次修订）

第一章　总　　则

第一条　为了贯彻实施《中华人民共和国安全生产法》，加强安全生产工作，防止和减少生产安全事故，保障人民群众生命和财产安全，促进经济社会持续健康发展，结合本省实际，制定本条例。

第二条　本省行政区域内从事生产经营活动的单位（以下统称生产经营单位）的安全生产及其监督管理活动，适用本条例。法律、行政法规另有规定的，从其规定。

第三条　生产经营单位应当依法履行安全生产主体责任，加强安全生产管理，建立健全并落实全员安全生产责任制和安全生产规章制度，加大对安全生产资金、物资、技术、人员的保障力度，加强安全生产标准化、信息化建设，持续改善安全生产条件，构建安全风险分级管控和隐患排查治理双重预防机制，健全风险防范化解机制，提高安全生产水平，确保安全生产。

生产经营单位主要负责人是本单位安全生产工作的第一责任人，对安全生产工作全面负责；分管安全生产的负责人协助本单位主要负责人履行安全生产管理职责，负责本单位安全生产综合管理工作；其他负责人履行各自职责范围内安全生产工作管理职责。

平台经济等新兴行业、领域的生产经营单位应当根据本行业、领域的特点建立健全并落实全员安全生产责任制，履行本条例和其他法律、法规规定的有关安全生产义务。

第四条　县级以上人民政府应当加强对安全生产工作的领导，根据国民经济和社会发展规划，制定安全生产规划，并组织实施。安全生产规划应当与国土空间规划等相关规划相衔接。

县级以上人民政府应当加强安全生产基础设施建设和安全生产监管能力建设，所需经费列入本级预算。

各级人民政府主要负责人是本行政区域安全生产工作第一责任人，对本行政区域安全生产工作负全面领导责任；其他负责人对分管范围内的安全生产工作负相关领导责任。

第五条 县级以上人民政府应急管理部门负责本行政区域内安全生产的综合监督管理。

县级以上人民政府公安、自然资源、生态环境、住房和城乡建设、交通运输、水利、农业农村、文化和旅游、市场监督管理、能源等有关部门，在各自职责范围内依法对有关行业、领域的安全生产工作实施监督管理。

新兴行业、领域中涉及安全生产监管职责不明确的，由县级以上人民政府按照业务相近的原则确定监督管理部门。

县级以上人民政府应急管理部门和对有关行业、领域的安全生产工作实施监督管理的部门，统称负有安全生产监督管理职责的部门。负有安全生产监督管理职责的部门应当齐抓共管、相互配合、信息共享、资源共用，依法加强安全生产监督管理工作。

第六条 各级人民政府以及街道办事处、开发区、保税区、风景区等的安全生产委员会，应当定期分析安全生产形势，研究部署、统筹协调安全生产工作中的重大事项，推动解决重大问题。

第七条 各级人民政府及有关部门应当加强安全生产宣传教育，普及安全生产知识。

新闻、出版、广播、电影、电视等单位有进行安全生产公益宣传教育的义务，有对违反安全生产法律、法规的行为进行舆论监督的权利。

第八条 各级人民政府及有关部门、生产经营单位对在改善安全生产条件、推进安全文化建设、防止生产安全事故、参加抢险救援、安全生产科学技术研究和推广应用、安全生产监督管理等方面取得显著成绩的单位和个人，按照国家和省有关规定给予表彰和奖励。

对报告重大事故隐患或者举报安全生产违法行为的有功人员，按照规定给予奖励。

第二章 生产经营单位的安全生产保障

第一节 一般规定

第九条 生产经营单位应当具备下列安全生产条件：

（一）依法取得相应证照；

（二）具有保障安全生产的规章制度和操作规程；

（三）生产经营场所和设备、设施以及生产工艺符合安全生产法律、法规的规定和国家标准或者行业标准；

（四）依法设置安全生产管理机构或者配备安全生产管理人员、注册安全工程师；

（五）主要负责人和安全生产管理人员具备与所从事的生产经营活动相适应的安全生产知识和管理能力；

（六）特种作业人员按照国家有关规定取得相应资格；

（七）从业人员经安全生产教育和培训合格；

（八）为从业人员配备符合国家标准或者行业标准的劳动防护用品；

（九）矿山、金属冶炼、建筑施工、运输单位和危险物品的生产、经营、储存、装卸单位主要负责人和安全生产管理人员应当经主管的负有安全生产监督管理职责的部门考核合格；

（十）法律、法规和国家标准或者行业标准规定的其他安全生产条件。

第十条 生产经营单位应当建立下列有关安全生产管理制度：

（一）安全生产委员会制度；

（二）安全生产费用提取、使用和管理制度；

（三）安全生产例会制度；

（四）安全生产宣传、教育、培训制度；

（五）安全风险辨识评估和分级管控制度；

（六）安全生产检查和事故隐患排查治理制度；

（七）重大危险源管理制度；

（八）爆破、吊装、动火、临时用电、有限空间作业、地下挖掘作业、悬吊作业、临近高压线作业等危险作业管理制度；

（九）安全设施、设备管理制度；

（十）劳动防护用品配备和管理制度；

（十一）应急管理和事故报告、调查处理制度；

（十二）安全生产考核、奖惩制度；

（十三）危险物品安全管理制度；

（十四）外包队伍和外包工程等相关方安全管理制度；

（十五）其他保障安全生产的制度。

第十一条 生产经营单位应当建立健全全员安全生产责任制，明确全员安全生产责任范围、监督检查和考核标准等内容，编制安全生产责任清单。考核结果与安全生产奖惩措施挂钩，作为从业人员职级调整、收入分配等的重要依据。安全生产责任清单和考核结果在本单位公示。

国有及国有控股生产经营单位的安全生产责任制考核结果，纳入生产经营单位负责人的经营业绩考核管理，并与奖惩措施挂钩。

第十二条 生产经营单位的主要负责人、管理人员应当履行安全生产职责，不得有下列行为：

（一）指挥、强令或者放任从业人员违章、冒险作业；

（二）超过核定的生产能力、生产强度或者生产定员组织生产；

（三）违反操作规程、生产工艺、技术标准或者安全管理规定组织作业；

（四）法律、法规禁止的其他行为。

第十三条 生产经营单位的主要负责人应当每年依法向职工代表大会或者职工大会报告本单位的安全生产工作

以及个人安全生产履职情况，并接受从业人员的监督。

第十四条　矿山、金属冶炼、建筑施工、运输单位和危险物品的生产、经营、储存、装卸单位从业人员超过一百人的，应当设置安全生产管理机构，配备不少于从业人员百分之一的专职安全生产管理人员，但最低不少于两名专职安全生产管理人员；从业人员在一百人以下的，应当至少配备一名专职安全生产管理人员。

前款规定以外的其他生产经营单位，从业人员超过一百人的，应当设置安全生产管理机构或者配备专职安全生产管理人员；从业人员在一百人以下的，应当配备专职或者兼职的安全生产管理人员。

矿山、金属冶炼、建筑施工、运输单位和危险物品的生产、经营、储存、装卸单位从业人员超过一百人的，以及其他生产经营单位从业人员超过三百人的，应当设置安全总监，协助主要负责人专项分管本单位安全生产管理工作。

鼓励前款规定以外的其他生产经营单位设置安全总监。

第十五条　矿山、金属冶炼、道路运输和危险物品的生产、储存、装卸单位应当有注册安全工程师从事安全生产管理工作。

鼓励其他生产经营单位配备或者聘用注册安全工程师从事安全生产管理工作。

安全生产中介机构应当按照不少于安全生产专业服务人员百分之三十的比例配备注册安全工程师。

第十六条 矿山、金属冶炼建设项目和用于生产、储存、装卸危险物品的建设项目的安全评价以及安全设施设计及其审查，按照国家、省有关规定执行。

第十七条 矿山、金属冶炼建设项目和用于生产、储存、装卸危险物品的建设项目竣工投入生产或者使用前，建设单位应当委托具有相应资质的安全技术服务机构对安全设施进行验收评价，编制建设项目安全验收评价报告。

安全设施竣工验收工作由建设单位组织。验收组应当由项目建设单位和设计、施工、监理、评价单位项目负责人以及具有相应专业资格的专家组成，按照法律、法规、规章和国家标准或者行业标准的规定组织验收。专家可以从省、设区的市人民政府负有安全生产监督管理职责的部门建立的专家库中聘请，组成专家组。

专家组应当出具安全设施竣工验收意见，建设单位应当出具安全设施竣工验收报告，验收人员应当签字确认，建设单位和验收人员应当对安全设施竣工验收结果负责。验收不合格的建设项目，不得投入生产或者使用。

建设单位应当自安全设施竣工验收合格之日起十五日内，将安全设施竣工验收报告等相关资料报送建设项目安全设施设计审查部门。负有安全生产监督管理职责的部门应当加强对建设单位验收活动和验收结果的监督核查。

第十八条 生产经营单位应当对重大危险源登记建档，并采取下列安全措施：

（一）定期对重大危险源的有关装置、设施、设备和场所开展风险辨识和安全评估，并记录在案；

（二）在重大危险源现场建立监控系统，设置明显的安全警示标志，载明重大危险源危险物质种类、数量、危险危害特性，标明紧急情况下的应急处置办法；

（三）将重大危险源可能发生事故的危害后果、应急措施等信息，向受影响的单位、区域以及人员进行公告；

（四）制定重大危险源专项应急预案和现场处置方案，至少每半年组织一次生产安全事故应急救援预案演练。

生产经营单位应当将重大危险源数据、评估报告等资料报主管的负有安全生产监督管理职责的部门备案。

第十九条　生产经营单位应当建立安全风险分级管控制度，对安全风险进行全面辨识、评估、分级，并编制安全风险分级管控清单，落实管控措施。

生产经营单位应当在醒目位置设置公告栏，公布本单位重大安全生产风险提示、安全防范措施、事故应急预案等主要内容；在存在安全生产风险的场所设置明显的安全风险告知栏和安全警示标识；向从业人员发放告知卡，详细标明作业场所和工作岗位存在的危险有害因素、事故预防以及应急措施、报告电话等内容。

第二十条　生产经营单位应当及时排查治理事故隐患，如实记录排查、治理、评估、验收等内容。

重大事故隐患排除前或者排除过程中无法保证安全

的，应当从危险区域内撤出人员，暂时停产停业或者停止使用相关设施、设备。

重大事故隐患的治理方案和验收结果应当及时在本单位公示。

第二十一条 安全风险分级管控和隐患排查治理情况应当及时向从业人员通报。

重大安全风险管控措施清单和重大事故隐患排查治理情况应当向生产经营单位的职工大会或者职工代表大会报告，并向负有安全生产监督管理职责的部门报告。

第二十二条 矿山单位有关负责人应当现场带班，巡查关键环节、重点部位，掌握现场安全生产情况，及时发现和处置事故隐患，发现直接危及人身安全的紧急情况时，应当立即组织人员撤离现场。

地下矿山带班负责人应当与当班作业人员同时下井、同时升井。

第二十三条 矿山、危险化学品、金属冶炼、建筑施工、运输、消防、特种设备等行业、领域的生产经营单位，实行主要负责人安全生产承诺制度。

第二十四条 生产经营单位进行国家和行业部门认定的危险作业，应当执行危险作业管理制度，开展危害识别和风险评估，制定现场应急处置方案，按照操作规程和作业方案作业，安排专人负责现场安全管理。

第二十五条 生产经营单位的生产区域、生活区域、储存区域之间的安全距离以及周边安全防护距离，应当符合国家标准或者行业标准。

油气长输管道、水库、淤地坝、尾矿库和危险物品生产、储存场所与公共设施、居住区等人员密集场所以及重要工业设施、重点保护区域的安全防护距离，应当符合国家、省有关规定。

居民区（楼）、学校、医院、集贸市场以及其他人员密集场所的安全防护距离内，不得设置油气长输管道、水库、淤地坝、尾矿库和危险物品生产、储存场所；违法设置的，应当限期迁出。

油气长输管道、水库、淤地坝、尾矿库和危险物品生产、储存场所安全防护距离内，不得建设居民区（楼）、学校、医院、集贸市场以及其他人员密集场所；已经建成的，县级以上人民政府应当采取措施，消除危害。

第二十六条 煤矿应当达到安全生产标准化二级以上等级标准。

非煤矿山、金属冶炼、一般化工、化学制药、运输单位和危险物品的生产、经营、储存、装卸单位应当达到安全生产标准化三级以上等级标准。

建筑施工单位应当达到安全生产标准化合格以上等级标准。

第二十七条 矿山、危险化学品、金属冶炼、建筑施工、运输、民用爆炸物品、渔业生产等高危行业、领域的生产经营单位，应当投保安全生产责任保险。鼓励其他生产经营单位投保安全生产责任保险。

第二节　特 别 规 定

第二十八条　煤矿办矿主体应当加强对所属煤矿的安全管理，安全管理层级不得超过三级。

第二十九条　煤矿的发包、承包应当符合法律、法规的规定。禁止井工煤矿将井筒以及井下新水平延深的井底车场、主运输、主通风、主排水、主要机电硐室开拓工程以外的井下采掘作业或者井巷维修作业作为独立工程发包给其他生产经营单位或者个人。禁止转包井下新水平延深开拓工程。

承揽煤矿建设项目的施工单位应当具备建筑业企业资质，并符合国家有关标准。禁止转包、违法承包项目或者出借资质。

第三十条　煤矿应当设置安全监察专员，由具有煤矿主体专业的有关负责人担任，承担下井带班期间的煤矿生产安全首要责任，负责对煤矿生产作业的关键环节实施监督检查。具体办法由省人民政府制定。

第三十一条　煤矿应当加强建设、生产期间的地质勘查，采用综合勘查技术查明井（矿）田范围内的瓦斯、水、火、采空区塌陷等致灾因素，并采取相应的防范措施。

第三十二条　危险化学品生产、储存实行统筹规划、合理布局。县级以上人民政府编制国土空间规划时，根据实际需要规划设立危险化学品生产、储存的园区以及危险物品运输车辆停放区域。

新建化工项目应当进入化工园区。县级以上人民政府以及化工园区应当制定化工项目安全准入条件。

第三十三条 化工园区以及涉及重大危险源的生产经营单位应当开展安全风险智能化管控平台建设。

涉及危险化学品重大危险源的危险化学品生产经营单位应当实行重大危险源安全责任制，明确重大危险源的主要负责人、技术负责人和操作负责人。

第三十四条 危险化学品使用单位应当建立健全危险化学品采购、储存、使用、处置等环节的安全管理规章制度和操作规程，其使用条件应当符合法律、法规和国家标准或者行业标准的要求。

有关部门应当加强本行业、领域危险化学品使用的安全管理。

第三十五条 建设单位根据工程项目建设需要，按时足额拨付安全生产费用。

勘察、设计、施工、监理单位应当依法承揽工程，不得转包、违法分包、挂靠或者出借资质。施工单位应当实行建设项目专职安全生产管理人员委派制，具体办法由省人民政府制定。

第三十六条 村（居）民自建房用作生产经营场所或

者人员密集场所的，在办理相关许可前，应当经具备资格的专业机构出具房屋安全鉴定报告；未依法取得土地、规划、建设等许可，擅自改扩建，随意更改承重结构的，不得用于生产经营活动。

第三十七条 天然气（煤层气）勘探、开采、输送生产经营单位，应当加强勘探、开采、输送的安全生产管理，重要设施和危险场所应当有安全防范措施和警示标志，并配备防雷、防爆、防静电装置。

第三十八条 燃气非居民用户应当使用合格的用气设备，安装灶前燃气自闭阀门、符合安全规定的灶具连接管和带有熄火保护装置的燃气灶具。餐饮等行业生产经营单位使用燃气的，应当安装燃气泄漏安全保护装置，并确保装置正常使用。

第三十九条 从事道路运输的生产经营单位，应当加强对驾驶人员的安全教育和培训，严禁超载、超限、超速、人货混载、酒后驾驶、疲劳驾驶等违法行为，并对车辆进行定期维护、日常检查，确保运营安全。

严禁使用非法改装、报废、安全设施不全、不符合机动车国家安全技术标准等存在事故隐患的车辆从事道路运输。

鼓励生产经营单位采用信息技术监测驾驶人员精神状态，为车辆加装防碰撞设备。

第四十条 道路旅客运输生产经营单位、道路危险货物运输生产经营单位和拥有五十辆以上重型载货汽车或者牵引车的道路运输生产经营单位，应当按照国家标准建设道路运输车辆动态监控平台，或者使用符合条件的社会化卫星定位系统监控平台，对所属道路运输车辆和驾驶员运行过程进行实时监控和管理。

拥有五十辆以下重型载货汽车或者牵引车的道路运输生产经营单位或者个体道路运输经营户，应当加入符合条件的卫星定位系统监控平台。

公安机关交通管理部门、应急管理部门根据需要可以通过道路运输车辆动态信息公共服务平台，随时或者定期调取系统数据。监控数据应当保存六个月以上。

第四十一条　金属、非金属矿山生产建设规模和服务年限应当符合国家和省有关规定。禁止新建低于国家或者省规定标准的矿山。

第四十二条　尾矿库建设项目选址应当符合安全要求。建设尾矿库应当依法办理土地使用审批手续。

禁止在居民区和重要工业设施上游直接威胁范围内新建山谷型、傍山型尾矿库。鼓励尾矿干排和尾矿综合利用。

第四十三条　炼钢厂在吊运铁水、钢水或者液渣等高温熔融金属时，应当使用带有固定式龙门钩的冶金铸造起重机；其他生产经营单位吊运高温熔融金属作业应当使用符合要求的起重机。吊运线路以及附近区域不得有积水，不得堆放潮湿物品和其他易燃、易爆物品。

在高温熔融金属的吊运影响范围内，禁止设置操作室、会议室、交接班室、活动室、休息室、更衣室等场所。

第四十四条 冶金、有色、建材、机械、轻工等行业生产经营单位燃气系统应当按照有关规定设置可靠切断装置，禁止在未可靠切断燃气气源、未进行燃气浓度检测或者检测不合格、无可靠措施的情况下进行检修作业。燃气管道吹扫和置换，应当按照要求使用蒸气、氮气或者合格烟气，禁止采取自然放散或者用空气直接置换燃气。

冶金、有色、建材、机械、轻工等行业生产经营单位在燃气区域进行作业，应当加强安全管理；有人值守的岗位、燃气容易泄漏的关键部位等场所，应当设置固定式可燃气体检测报警装置，燃气浓度超标时不得作业。

生产、储存、使用煤气的冶金、有色、建材、机械、轻工等行业生产经营单位应当按规定设立煤气防护站或者防护组，配备相应的人员、救援设施以及特种作业器具。

第四十五条 涉及液氨制冷的冷库以及制冷系统应当由具备冷库工程设计、压力管道设计资质的设计单位设计。

禁止液氨管线通过办公、休息和居住的建筑物；液氨制冷机房、贮氨器等重要部位的事故排风机和应急照明应当使用防爆电器，易泄漏液氨部位应当安装氨气浓度检测报警装置，并与排风机自动联锁。包装间、分割间、产品整理间等人员较多的生产场所的空调系统禁止采用液氨直接蒸发制冷系统，快速冻结装备应当设置在单独的作业间内，作业人员按照规定配置。

第四十六条 可燃性粉尘作业场所应当按照国家标准或者行业标准，安装通风除尘系统、泄爆装置，使用防爆设施设备。禁止在可燃性粉尘作业场所违规使用明火。

第四十七条 人员密集场所的经营单位，应当遵守下列安全规定：

（一）不得擅自改变场所建筑的主体、承重结构、使用功能；

（二）按照国家标准或者行业标准配置安全设施、器材，定期进行检测、检验、维修，并记录存档。设置警示、疏散等安全标志，保持疏散通道、安全出口、消防车通道畅通。保证防火防烟分区、防火间距符合消防技术标准；

（三）制定安全措施和应急救援预案，配备应急救援人员，定期组织应急演练；

（四）从业人员应当履行岗位应急救援职责，熟练使用消防器材，熟知安全出口和疏散通道的位置；

（五）场所实际容纳的人员不得超过行业标准和设计限定的人数；

（六）播放安全告知、张贴安全须知；

（七）组织安全检查，及时消除安全事故隐患；

（八）法律、法规规定的其他安全事项。

第三章　从业人员的安全生产权利义务

第四十八条 生产经营单位从业人员依法享有下列

权利：

（一）与生产经营单位依法签订劳动合同，合同中载明有关保障劳动安全、防止职业危害、办理工伤保险等事项；

（二）享有工作所需的符合国家标准或者行业标准的安全工作环境、设施和劳动防护用品；

（三）参加安全生产教育和培训，掌握工作岗位所必需的安全生产知识和技能；

（四）了解作业场所、工作岗位存在的危险因素、防范措施以及事故应急措施；

（五）对本单位安全生产提出建议，对存在的问题提出意见、检举和控告；

（六）发现直接危及人身安全的紧急情况，停止作业或者采取可能的应急措施后撤离作业现场；

（七）因生产安全事故受到损害的，依法享有工伤保险并有依照有关法律获得赔偿的权利；

（八）拒绝违章指挥或者强令冒险作业；

（九）法律、行政法规规定的其他权利。

第四十九条 生产经营单位从业人员应当依法履行下列义务：

（一）严格落实岗位安全生产责任，遵守本单位的安全生产规章制度和操作规程，服从管理，正确使用劳动防护用品；

（二）接受安全生产教育培训，参加应急演练，提高安全生产技能，增强事故预防和应急处置能力；

（三）发现事故隐患或者其他不安全因素，立即向现场管理人员或者本单位负责人报告；

（四）发生生产安全事故时，及时报告并按相关规定处置，紧急撤离时服从现场统一指挥；

（五）配合生产安全事故调查，如实提供有关情况；

（六）法律、行政法规规定的其他义务。

第五十条　生产经营单位不得安排未经安全生产培训合格的从业人员上岗作业；从业人员离岗一年以上或者换岗的，上岗前应当重新组织安全生产教育和培训；对劳务派遣人员、临时务工人员和学校实习学生应当组织安全生产教育和培训。

生产经营单位应当建立从业人员安全生产教育和培训档案，如实记录安全生产教育和培训的时间、内容、参加人员以及考核结果等情况，记录保存期限不得少于三年。

第五十一条　生产经营单位对从业人员安全生产教育和培训的主要内容包括：

（一）安全生产法律、法规和政策；

（二）从业人员在安全生产方面的权利和义务；

（三）安全生产规章制度和操作规程；

（四）安全设备、设施、劳动防护用品的使用、维护和保养；

（五）作业场所和工作岗位存在的危险有害因素以及

应急救援、自救互救等防范措施；

（六）作业场所职业危害及其预防措施；

（七）生产安全事故案例警示教育；

（八）其他需要培训的安全生产内容。

第五十二条 具备安全培训条件的生产经营单位，应当以自主培训为主；不具备安全生产培训条件的生产经营单位，应当委托具备安全培训条件的安全培训机构，对从业人员进行安全培训。

第五十三条 从业人员在作业前，应当进行岗位安全检查，发现不安全因素或者事故隐患的，应当立即向现场安全生产管理人员或者本单位负责人报告；接到报告的人员应当及时予以处理。检查内容主要包括：

（一）设施、设备和安全防护装置的安全状态；

（二）所用工具符合安全标准和安全操作规定要求；

（三）作业场地和物品堆放符合安全规范；

（四）劳动防护用品和用具齐全完好；

（五）安全生产措施落实情况；

（六）其他需要检查的内容。

第五十四条 当班生产活动结束后，从业人员应当对本岗位负责的设备、设施、作业场地、安全防护设施、物品存放等进行安全检查，清理现场。在交接班时，从业人员应当做好生产设备、设施以及安全设施运行情况的确认工作，做好交接班记录。

第四章　安全生产的监督管理

第五十五条　县级以上人民政府应当加强安全生产监督管理执法力量建设，按照国家和省的规定配备安全生产监督管理执法人员，保障监管执法所需的制式服装和标志、用车、装备、办公设施。

第五十六条　县级以上人民政府应当履行下列监督管理职责：

（一）贯彻执行安全生产法律、法规，研究制定安全生产政策措施；

（二）定期召开安全生产工作专题会议，研究解决安全生产中存在的重大问题；

（三）实行安全生产工作目标管理；

（四）组织开展安全生产专项整治，依法决定关闭不符合安全生产条件的生产经营单位；

（五）建立健全安全生产应急救援体系，健全安全生产应急指挥机构，制定完善生产安全事故应急预案，定期组织应急演练，领导和组织指挥事故应急救援工作；

（六）依法组织生产安全事故调查；

（七）法律、法规规定的其他职责。

第五十七条　县级以上人民政府应急管理部门应当履行下列综合监督管理职责：

（一）分析安全生产形势，定期向同级人民政府报告安全生产工作，提出安全生产工作的意见和建议；

（二）指导、协调和监督同级人民政府有关部门、下级人民政府履行安全生产监督管理职责；

（三）实施同级人民政府对有关部门、下级人民政府的安全生产巡查和目标责任考核；

（四）根据授权组织事故调查，负责事故报告、统计分析和安全生产信息发布工作；

（五）法律、法规规定的其他职责。

第五十八条 负有安全生产监督管理职责的部门应当履行下列监督管理职责：

（一）组织开展安全生产法律、法规和安全生产知识的宣传培训教育；

（二）研究制定安全生产政策措施，并负责组织实施；

（三）制定安全生产年度监督检查计划，开展安全生产监督检查，查处安全生产违法行为、参与事故调查；

（四）建立安全风险评估制度和重大安全风险源头防控制度；

（五）建立健全重大事故隐患治理挂牌督办制度，督促生产经营单位消除重大事故隐患；

（六）法律、法规规定的其他职责。

第五十九条 负有安全生产监督管理职责的部门可以采取下列方式，进行安全生产监督管理：

（一）根据职责建立安全生产联席会议制度，分析研究相关行业、领域安全生产情况，协调解决相关行业、领域安全生产工作中存在的重大问题；

（二）加强安全生产信息化建设，建立和完善安全生产信息平台，公开有关安全生产的行政许可、行政检查、行政处罚、行政强制、重大危险源监控、隐患排查治理、安全诚信、标准化定级标准、事故调查报告等事项；

（三）依法实行安全生产失信惩戒制度，建立安全生产违法行为信息库，如实记录生产经营单位违法信息，并向社会公告；

（四）与供电、供排水、供应火工品等单位建立联防联控机制，加强对转包、违法分包和挂靠资质等违法行为的监督检查，打击安全生产违法违规行为；

（五）建立安全生产专家库，制定专家管理办法，建立专家选聘、使用、考核、退出等机制；

（六）实行安全生产监管执法公示、执法全过程记录、重大执法决定法制审核、执法情况统计分析等制度，加强安全生产监管执法全过程管理；

（七）按照国家、省有关规定对重大事故隐患组织调查处理。

第六十条 负有安全生产监督管理职责的部门应当落实安全生产监管责任，按照相关规定对生产经营单位实行分级分类监管。具体办法由省人民政府制定。

第六十一条 矿山、危险化学品、金属冶炼、建筑施工、道路运输等行业领域的生产经营单位应当推行主要负责人安全生产考核记分办法。具体办法由省人民政府制定。

第六十二条 居民委员会、村民委员会协助做好安全生产宣传，发现事故隐患或者违法行为，向当地人民政府或者有关部门报告，协助完成信息报送等工作。

第六十三条 负有安全生产监督管理职责的部门可以采取政府购买服务的方式，委托行业协会、有资质的技术服务机构或者专家为安全生产提供技术支持。

从事安全生产技术服务的机构应当依法从事安全生产技术、管理服务，并对服务结果依法承担责任。

负有安全生产监督管理职责的部门应当加强对安全生产技术服务机构的监督管理。

第五章　生产安全事故应急救援与调查处理

第六十四条 县级以上人民政府应当建立健全生产安全事故应急救援体系，完善应急救援机制，建立相应的应急救援队伍，保障应急救援工作经费和应急救援物资、装备的足额储备。

第六十五条 县级以上人民政府应当组织有关部门制定本行政区域内生产安全事故的应急救援预案。

乡镇人民政府和街道办事处，以及开发区、保税区、风景区等应当制定相应的生产安全事故应急救援预案，协助有关部门或者按照授权依法履行生产安全事故应急救援工作职责。

生产经营单位应当制定本单位生产安全事故应急救援预案，至少每年组织一次综合或者专项应急预案演练。危险物品的生产、经营、储存、运输单位，矿山、金属冶炼、城市轨道交通运营、建筑施工单位，人员密集场所的经营单位，至少每半年组织一次生产安全事故应急救援预案演练。

第六十六条 矿山、金属冶炼、城市轨道交通运营、建筑施工单位和危险物品的生产、经营、储存单位应当建立应急救援组织，配备必要的应急救援器材、设备和物资，并进行经常性维护、保养，保证正常运转。

生产经营规模较小的，可以不建立应急救援组织，但应当指定兼职的应急救援人员，也可以与专业应急救援机构签订应急救援服务协议。

第六十七条 重大事故、较大事故、一般事故分别由省人民政府、设区的市人民政府、县级人民政府负责调查。具体调查方式和程序按照《生产安全事故报告和调查处理条例》的规定执行。

事故发生单位瞒报、谎报、迟报或者破坏事故现场，导致事故原因和责任无法查明的，认定该单位负有事故责任。法律、行政法规另有规定的，从其规定。

第六十八条 县级以上人民政府应急管理部门应当定期统计、分析本行政区域内发生生产安全事故的情况，并及时向社会公布。其他负有安全生产监督管理职责的部门，应当每月对本行业、领域发生的生产安全事故情况进行统计、分析，并于每月五日（遇法定节假日时间顺延）前将上一个月的生产安全事故统计报表报送同级应急管理部门和本行业、领域的上一级管理部门。

县级以上人民政府应急管理部门应当于每月六日前将上一个月的生产安全事故统计报表报上一级应急管理部门，并通报同级负有安全生产监督管理职责的部门。

第六十九条 事故应急救援、调查处理和伤亡赔偿的费用，由发生生产安全事故的生产经营单位承担，当地人民政府负责统筹协调，并督促及时支付所需费用。事故涉及两个以上生产经营单位的，由当地人民政府根据事故调查认定的责任划分各自承担的份额。

第六章 法律责任

第七十条 违反本条例规定，法律、行政法规已有法律责任规定的，从其规定。

第七十一条 违反本条例规定，生产经营单位未按照规定设置安全生产管理机构或者配备安全生产管理人员、注册安全工程师的，由负有安全生产监督管理职责的部门责令限期改正，处一万元以上十万元以下的罚款；逾期未改正的，责令停产停业整顿，并处十万元以上二十万元以下的罚款，对其直接负责的主管人员和其他直接责任人员处二万元以上五万元以下的罚款。

第七十二条 生产经营单位有下列行为之一的，由负有安全生产监督管理职责的部门责令限期改正，处一万元以上十万元以下的罚款；逾期未改正的，责令停产停业整顿，并处十万元以上二十万元以下的罚款，对其直接负责的主管人员和其他直接责任人员处二万元以上五万元以下的罚款；构成犯罪的，依法追究刑事责任。

（一）未建立事故隐患排查治理制度，或者重大事故隐患排查治理情况未按照规定报告的；

（二）从事国家和行业部门认定的危险作业，违反本条例规定的。

第七十三条 负有安全生产监督管理职责的部门的工作人员滥用职权、玩忽职守、徇私舞弊的，依法给予处分；构成犯罪的，依法追究刑事责任。

第七章 附 则

第七十四条 本条例自 2023 年 3 月 1 日起施行。